HYMNES PATRIOTIQUES DES HELLÈNES,

CHANSONS MILITAIRES,

SUR NOS AIRS NATIONAUX LES PLUS REMARQUABLES.

DÉDIÉS AU COLONEL FABVIER

ET A SES BRAVES COMPATRIOTES ARMÉS POUR LA MÊME CAUSE.

Édition plus complète que celle publiée à Bruxelles.

........*Musa*, mares animos in Martia bella
Versibus *exacuas* !....

HORACE.

PRIX : 1 FRANC.

PARIS,
ACHILLE DESAUGES, LIBRAIRE,
RUE JACOB, N° 5.

1827.

HYMNES PATRIOTIQUES
DES HELLÈNES,

CHANSONS MILITAIRES,

SUR NOS AIRS NATIONAUX LES PLUS REMARQUABLES.

DÉDIÉS AU COLONEL FABVIER

ET A SES BRAVES COMPATRIOTES ARMÉS POUR LA MÊME CAUSE.

Édition plus complète que celle publiée à Bruxelles.

........*Musa*, mares animos in Martia bella
Versibus *exacuas* !....

HORACE.

PARIS,
ACHILLE DESAUGES, LIBRAIRE,
RUE JACOB, N° 5.

1827.

TABLE.

A M. Eynard.

Au milieu des importantes fonctions que vous imposa votre généreux attachement à la cause des Grecs, daignerez-vous, monsieur, accueillir l'offrande d'un jeune philhellène qui n'a rien pu faire de mieux pour cette nation héroïque que de lui consacrer quelques chants? C'est particulièrement à ses compatriotes rangés sous l'étendard de la croix qu'il destine ces hymnes guerriers, et c'est pour qu'ils parviennent à leur but qu'il prend la liberté de vous les adresser.

Pauvre comme la plupart des poètes (des poètes indépendans), il a tenté de payer ainsi son tribut, ne pouvant le faire d'une manière plus efficace. C'est bien peu sans doute qu'un pareil envoi, pour des hommes qui demandent des armes et du pain; c'est bien peu, je le sais, au milieu de ces dons que votre zèle recrute de toutes parts pour la Grèce et pour ses vaillans *auxiliaires;* cependant ces chansons, quelque médiocres qu'elles soient, ne seront peut-être pas rejetées de ces derniers; si quelqu'un d'eux venait à les essayer un jour de combat ou bien au retour d'une victoire, il ferait alors grâce aux paroles en faveur des airs qu'elles rappellent. Des chansons d'ailleurs ne sont pas choses insignifiantes pour de jeunes militaires français, pour ce peuple léger mais terrible qui court se battre en chantant, et qu'au besoin un refrain national entraînerait encore par-delà ses frontières.

Qu'un lecteur timoré ne s'effarouche point d'abord à la seule annonce de ces airs patriotiques dont l'auteur a cherché à revêtir ses pensées, et qu'il ne s'avise pas de voir là quelque tendance révolutionnaire. Si le terrorisme fut hideux, il n'y a rien que de grand, rien que de noble dans ces accords belliqueux dont l'effet électrique nous improvisa des armées, et à qui la république dut peut-être une partie des triomphes inouïs dont l'éclat pur et sans tache effacera en quelque sorte aux yeux de l'avenir l'affreux tableau de nos discordes civiles.

Si vous devez, monsieur, en envoyant à leur destination quelques exemplaires de cet opuscule, répondre au vœu que vous exprime l'auteur de cet essai, recevez d'avance ses remercîmens.

Un des admirateurs de votre infatigable philanthropie.

A. Δ.

A M. le colonel Fabvier.

Monsieur le Colonel,

Il serait sans doute inconvenant et ridicule d'aller au loin poursuivre de mes vers un guerrier sous les armes, si je n'étais guidé que par le puéril appât d'une vaine célébrité; les muses cependant ont visité plus d'un héros sous la tente, et je pourrais d'ailleurs vous appliquer ici, pour mon excuse, le vers du poète latin: *Carmina amat quisquis carmine digna gerit.* Mais je dois vous avouer le véritable but de cet envoi: j'ai voulu composer pour nos braves compatriotes qui partagent votre gloire, un petit recueil qui les accompagnât dans les camps, persuadé qu'il n'est ni dangers, ni fatigues, qui empêchent un soldat français de chanter sous un ciel lointain les airs de sa patrie.

Je suis bien loin de me flatter que ces chansons militaires opèrent sur notre bouillante jeunesse un effet aussi magique que celles dont elles empruntent le rhythme, puisqu'il ne s'agit plus ici du salut de nos foyers; cependant, si ces faibles chants contribuaient à déterminer la valeur indécise d'un seul philhellène parmi nous, s'ils pouvaient consoler de la patrie absente quelqu'un de vos compagnons d'armes par la pensée de la gloire qui l'attend, je ne regarderais pas mes efforts comme sans fruit et sans récompense. Que ces airs rajeunis pour la Grèce nouvelle réveillent une seule fois les échos de l'Attique; qu'une seule fois l'une de ces strophes s'échappe des lèvres d'un compatriote, soit au pied des murs de Minerve, soit au champ d'honneur, et cette idée me sera cent fois plus douce que tous les prestiges d'un triomphe académique!

On répand vainement à l'instant où j'écris la nouvelle de votre démission : je n'y crois nullement; les excès commis par des clephtes grossiers et indisciplinés, les divisions de quelques chefs mécontens et travaillés par les intrigues de l'Europe, ne suffiront point pour vous détacher de la cause de la liberté et de la civilisation. L'injustice et l'ingratitude de quelques oligarques de la Grèce, la jalousie de certains européens offusqués de vos talens, vous trouveront aussi inébranlable que le péril et les privations qui ont éprouvé votre courage. Ce genre de victoire ne sera pas pour vous en pure perte, l'Europe l'appréciera et vous en tiendra compte, ainsi que de votre persévérance et de votre habileté à façonner au joug de la discipline la fierté rebelle de ces guerriers montagnards dont nos Sybarites d'occident ne sauraient comprendre le sauvage héroïsme. Vous seul en sympathisant avec eux, en partageant leurs fatigues et leurs misères, et en ne choquant pas de front leurs mœurs nationales, vous seul, dis-je, avez pu conserver cette popularité, qu'exige une tâche si difficile et qui manque à des hommes qu'on vous a préférés; mais laissons ce sujet : il serait déplacé et dangereux avant la fin de la grande lutte, de soulever une question qui ne ferait qu'aigrir les esprits : en attendant, les applaudissemens du monde chrétien salueront le guerrier modeste et magnanime qui marchera droit à son but, sans se soucier des petites coteries de l'amour-propre, et nos mépris paieront les chefs présomptueux plus occupés de leurs intérêts personnels que du salut de tout un peuple qu'ils prétendent secourir. D'un autre côté, vous comprendrez mieux votre rôle sublime que ces jeunes enthousiastes ou plutôt ces désœuvrés, dont le philhellénisme d'un jour n'a servi qu'à décourager les Grecs et à refroidir le zèle de nos compatriotes; désappointés de ne point avoir retrouvé dans les Pallicares de l'Olympe et du Maïna les Grecs du siècle poli de Périclès, et ne s'arrangeant point de leurs mœurs agrestes et frugales, quelques-uns ont pensé ne leur devoir que du mépris, mais nous ne les en croyons pas sur parole; la terre qui donna le jour à Canaris et qui recèle la cendre d'Androutzos et de Botsaris est digne de votre appui et du bienfait de la civilisation. Non, vous n'abandonnerez point par un mouvement d'humeur des milliers de femmes, d'enfans, et de vieillards innocens des fautes de quelques hommes avides ou coupables par ignorance; vous ne les abandonnerez ni au fer des barbares, ni à la dangereuse intervention des monarques; malheur à eux si la médiation venait à les saisir au moment d'une détresse absolue !

Poursuivez donc, illustre proscrit, en dépit des ennemis de la Grèce qui voudraient en la calomniant décourager ses défenseurs, poursuivez, vous qui pour vaincre n'avez mendié ni vains honneurs ni salaire, à l'exemple des alliés des barbares; c'est à vous de réparer aux yeux du monde civilisé la honte des armemens de Marseille, et de protester au nom de notre France contre l'indigne apathie de son gouvernement (1). Hâtez-vous d'achever cette tâche glorieuse, et, malgré l'arrêt qui vous éloigne de la patrie, bientôt cette patrie appuyée par l'opinion publique, vous ouvrira ses bras pour vous couronner des lauriers de Lafayette et de Washington!

Salut et succès aux généreux défenseurs des libertés grecques.

A. Δ.

(1) Son intervention actuelle est loin d'être spontanée ; il a été comme entraîné par la force des choses et suivant l'expression heureuse de M. de Châteaubriant, *les peuples dans cette circonstance ont traîné les gouvernemens à la remorque.*

HYMNES PATRIOTIQUES

DES HELLÈNES.

L'appel aux armes.

Μέχρις τεῦ κατάκεισθε; κότ' ἄλκιμον ἕξετε θυμόν;
CALLINUS.

Air de l'hymne marseillais.

Allons, enfans de l'Hellénie,
Réveillez-vous, brisez vos fers;
Des suppôts de la tyrannie
Vengez-vous... frappez ces pervers : (*bis.*)
Des souillures de l'esclavage
Tout leur sang peut seul nous laver;
Ce sang, c'est à lui d'abreuver
Nos sillons que leur main ravage!
Aux armes, fils d'Hellèn (1), marchons à nos tyrans,
Courons (*bis.*) planter la croix sur leurs corps expirans!

(1) *Hellèn* fils de Deucalion, du nom de qui la Grèce fut appelée *Hellade* et les Grecs *Hellènes*.

En vain ces cohortes sans nombre
Voudraient encor nous arrêter ;
Nos aïeux, au royaume sombre,
Pour nous bientôt vont les compter :
Oui, croyez-en mon fier présage,
Croyez-en mes libres accords,
Amis, pour en purger vos bords,
Il suffit de votre courage!
Aux armes, fils d'Hellèn, marchons à nos tyrans,
Courons planter la croix sur leurs corps expirans!

Que tout respire ici la guerre;
Que tout Hellène soit soldat;
Qu'autour de la sainte bannière,
Femme, enfant, tout marche au combat! (1)
Mieux vaut pour eux tomber sans vie
Sur leurs derniers vengeurs mourants
Que de vieillir loin de nos rangs,
Dans les pleurs ou l'ignominie.
Aux armes, fils d'Hellèn, marchons à nos tyrans,
Courons planter la croix sur leurs corps expirans!

Écoutez! de la Selléide (2)
S'élance un cri de LIBERTÉ ;
Du Pinde au fond de l'Argolide
Ce cri est au loin répété...

(1) Les femmes grecques, leurs enfans même ont prouvé à l'univers ce que peut l'exaltation religieuse unie au patriotisme : les premiers vers de cette strophe, qui semblent d'abord une hyperbole lyrique, se trouvent donc justifiés dans le sens littéral de l'expression.

(2) Pays des Souliotes.

Vous donc, l'espoir de la patrie,
Vieux nochers, soldats montagnards (1),
Qu'à travers les flots, les hasards,
Ce mot terrible vous rallie !
Aux armes, fils d'Hellèn, marchons à nos tyrans,
Courons planter la croix sur leurs corps expirans!

Liberté, liberté, vengeance,
Mort au dernier des oppresseurs!
Du sang grec versé dans Byzance
Qu'il naisse un peuple de vengeurs!
Guerre à vous, rebut de l'Asie!
Nos champs s'indignent d'un tel poids :
Entendez-vous, malgré ses rois,
L'Europe entière qui nous crie :
« Aux armes, fils d'Hellèn, marchez à vos tyrans,
« Courez planter la croix sur leurs corps expirans! »

Ne déments pas ton origine,
O Grec, sois digne de ton nom;
Triomphe encor à Salamine,
Fais luire un autre Marathon!
Chrétien, de ces gloires antiques
Rajeunis les beaux souvenirs,
Et que la palme des martyrs
S'unisse à tes lauriers civiques!
Aux armes, fils d'Hellèn, marchons à nos tyrans,
Courons planter la croix sur leurs corps expirans!

(1) Allusion à ces marins intrépides, à ces bandes valeureuses de Pallicares, à ces Clephtes indomptés qui dans le principe allumèrent le feu de l'insurrection, et qui surent avec de si faibles ressources tenir en échec des armées régulières ou jeter la destruction parmi les vaisseaux des Ottomans.

C'est peu que dans nos sacrifices
Le prêtre invoque l'Éternel;
Pour nous rendre les cieux propices,
Brisons nos chaînes sur l'autel:
Jamais pour de lâches esclaves
Le seigneur arma-t-il son bras?
Non, jamais le Dieu des combats
N'a marché qu'au milieu des braves!
Aux armes, fils d'Hellèn, marchons à nos tyrans,
Courons planter la croix sur leurs corps expirans!

Le chant du départ.

Revenez, ô mes fils, avec ou sur vos armes !
Ainsi Sparte guerrière éleva ses enfans ;
Contente de les voir au retour des alarmes,
Ou morts ou triomphans !

LEBRUN. livre IV, ode I.

AIR : La victoire en chantant nous ouvre la barrière.

LA Victoire a paru dans les champs de l'Hellade;
Le fer, la foudre, arment son bras,
Et sa bouche sourit aux fils de Miltiade
En chantant l'hymne des combats;
La Liberté marche près d'elle,
Son pied féconde nos sillons,
Et la lance de l'Immortelle,
En fait surgir des bataillons.

CHOEUR.

Sous leur drapeau marchons en frères,
Partons, vengeurs de nos foyers,
Pour revenir comme nos pères
Avec ou *sur* nos boucliers ! } *bis.*

Liberté, nos amours, et toi, belle guerrière,
O Victoire, guidez nos coups !
Si vos Grecs sous leur chaîne ont oublié la guerre,
Ils sont encor dignes de vous ;

Si le sort trahit leur courage,
S'ils sont dépouillés et vaincus,
Il leur reste pour héritage
Le feu des antiques vertus!

CHOEUR.

Oui, nous courons sous vos bannières
Venger la cause des foyers;
Nous reviendrons comme nos pères,
Avec ou *sur* nos boucliers!

SERMENT.

Dieu des Grecs, seul vrai Dieu, de ton peuple fidèle
Reçois les sermens et les vœux :
Nous jurons d'affranchir la plage paternelle,
Nous le jurons par nos aïeux :
Par le sang qui naguère encore
De Byzance a teint les remparts;
Par toi, par ton nom qui décore
L'azur de nos saints étendards ! (1)

CHOEUR.

Oui, nous courons sous tes bannières
Venger ta cause et nos foyers;
Nous reviendrons comme nos pères,
Avec ou *sur* nos boucliers!

(1) Un des premiers étendards que les Grecs levèrent dans cette lutte sacrée portait ces mots : Χριςὸς νικᾷ, Victoire au Christ! — Tout le monde sait d'ailleurs que le bleu d'azur constitue avec le blanc les couleurs nationales du pavillon hellénique.

L'hymne du combat.

Μηδ' ἀνδρῶν πληθὺν δειμαίνετε, μηδὲ φοβεῖσθε.

. . . .

Ἀλλά τις ἐγγὺς ἰὼν αὐτοσχεδὸν ἔγχεϊ μακρῷ
Ἢ ξίφει οὐτάζων, δήϊον ἄνδρ' ἑλέτω.

TYRTÉE.

AIR de l'hymne du combat par DAVRIGNY (*musique de* CHÉRUBINI), commençant par ces mots :

Où sont-ils ces rois dont la haine
Menaçait nos champs désolés ? etc.

Entonnons l'hymne du carnage,
Marchons, soldats, marchons, amis ;
Du fer armons notre courage,
Laissons nos mousquets endormis (1) :
Ces tubes d'où le plomb s'élance,
N'assurent point à la vaillance

(1) Exclamation ordinaire des Pallicares au moment d'une action sérieuse; elle se retrouve dans plusieurs passages de l'intéressant recueil de M. Fauriel.

Tome I. 292. Ἦρθεν ἡ ὥρα τοῦ σπαθιοῦ, κ' ἂς πάψῃ τὸ τουφέκι!

. . . .

Tome II. 46. Ἀφῆτε τὰ τουφέκια σας, σύρετε τὰ σπαθιά σας.

Une assez rapide moisson :
Reprenez donc le glaive antique,
Et dans le sang asiatique
Abreuvez-le jusqu'au tronçon !

CHOEUR.

En avant ! chargeons les barbares
Au refrain d'un hymne joyeux :
Au bruit des vers et des cithares,
Tels jadis marchaient nos aïeux !

Le nombre est pour nos adversaires :
Nous avons pour nous la vigueur ;
La tactique est sous leurs bannières :
La nôtre à nous, c'est la valeur !
Pour entamer leur foule immense,
Des mille traits qu'elle nous lance
Perçons les nuages obscurs ;
Si le jour en devient plus sombre,
Eh bien ! *nous combattrons à l'ombre* (1),
Nos coups n'en seront pas moins sûrs !

CHOEUR.

En avant ! chargeons les barbares
Au refrain d'un hymne joyeux :
Au bruit des vers et des cithares,
Tels jadis marchaient nos aïeux !

Tel qu'un phare dans la détresse,
La croix guide nos bataillons ;
Ce signe va sauver la Grèce ;

(1) Mot de Léonidas.

Oui, *c'est par lui que nous vaincrons* (1);
Si pourtant le Dieu des batailles
Au prix seul de nos funérailles
Veut la rendre à la liberté :
Mourons gaîment pour la patrie;
Le sacrifice de la vie
Nous vaudra l'immortalité !

CHOEUR.

En avant! chargeons les barbares
Au refrain d'un hymne joyeux :
Au bruit des vers et des cithares,
Tels jadis marchaient nos aïeux.

(1) Ces mots rappellent le fameux *In hoc signo vinces* que l'on vit rayonner sur l'étendard de Constantin.

Le chant des marins.

Κατευοδοῖτε! — Ὁρμίσατε
τὰ συναγμένα πλοῖα,
ὦ ἀνδρεῖοι· σκορπίσατε
τὸν στόλον, κατακαύσατε
στόλον βαρβάρων.

CALVOS, Ode 10 (1).

AIR : Les traités sont rompus, l'insulaire perfide
A brisé les nœuds des humains, etc.

Chant national, composé lors de la rupture du traité d'Amiens en 1802, et qu'on avait qualifié de *Marseillaise des marins.*

Vent propice, ouvre-nous l'empire de Neptune;
Toi, mer, enchaîne tes fureurs :
D'un peuple tout entier tu portes la fortune
Sur ces esquifs libérateurs;
Et vous, nochers, dont la vaillance
Lui rendra son brillant destin,
Voguez jusqu'aux murs de Byzance
Sous l'étendard de Constantin;

(1) Odes de Calvos de Zante, 1 volume in-18, chez Lecointe et Durey.

CHOEUR.

Franchissez l'orageux Bosphore,
Du tonnerre armez vos brûlots;
Poursuivez tant qu'il reste encore
Un seul barbare sur les flots! } *bis.*

Que l'avare étranger revende à nos despotes
Ces forts que promène Téthys;
Ont-ils pour les guider des bras ipsariotes,
Pour vaincre, ont-ils un Canaris?
Allez donc de ces infidèles
Châtier le stupide orgueil;
Dans leurs flottantes citadelles,
Ouvrez-leur un brûlant cercueil!

CHOEUR.

Franchissez l'orageux Bosphore,
Du tonnerre armez vos brûlots;
Poursuivez, tant qu'il reste encore
Un seul barbare sur les flots!

Partez, l'heureux zéphyr enfle déjà la voile;
Phébus vous promet de beaux jours;
Pour vous, durant les nuits, rallumant son étoile,
Vénus va guider votre cours (1);
Allez, voguez pleins d'assurance
Sur la foi de ces dieux amis:

(1) Si nous en croyons M. Pouqueville, les Grecs de nos jours, conservant malgré leur foi nouvelle un souvenir traditionnel du culte mythologique, ont encore une sorte de vénération pour l'étoile de Vénus.

Qui s'arme pour l'indépendance
Ne compte point ses ennemis!

CHOEUR.

Franchissez l'orageux Bosphore,
Du tonnerre armez vos brûlots;
Poursuivez, tant qu'il reste encore
Un seul barbare sur les flots!

Au pied du mont Mycale, aux eaux de Salamine,
Le nombre fit-il le succès ?
Et ses mille vaisseaux ont-ils de sa ruine
Sauvé la flotte de Xerxès ?
Croyez ces leçons du vieil âge :
Toujours la palme est aux grands cœurs;
L'obstacle enfante le courage,
Le courage fait les vainqueurs!

CHOEUR.

Franchissez l'orageux Bosphore,
Du tonnerre armez vos brûlots;
Poursuivez, tant qu'il reste encore
Un seul barbare sur les flots!

L'hymne des jeunes hommes.

IMITATION LIBRE DU GREC ANCIEN.

Τιμῆέν τε γάρ ἐστι καὶ ἀγλαὸν ἀνδρὶ μάχεσθαι
Γῆς πέρι, καὶ παίδων, κουριδίης τ' ἀλόχου
Δυσμενέσιν.

CALLINUS.

Τοὺς δὲ παλαιοτέρους, ὧν οὐκέτι γούνατ' ἐλαφρὰ,
Μὴ καταλείποντες φεύγετε τοὺς γεραούς.

TYRTÉE.

AIR : Soldats français, chantez Roland, etc.

Tyrtée aux fils de l'Eurotas
Chantait à l'heure du carnage :
Heureux qui meurt dans les combats,
Heureux qui tombe avec courage !
Qu'il est beau, dans la fleur des ans,
D'exhaler son ame guerrière
Pour sa mère, pour ses enfans,
Sa jeune épouse, et son vieux père !

CHOEUR.

Pressez-vous donc au premier rang,
Vous tous qui brillez de jeunesse,
Là, formez comme un mur vivant,
Comme un rempart pour la vieillesse. (*bis.*)

Quoi ! n'auriez-vous ces pieds légers,
L'adresse et la force en partage,
Que pour mieux fuir loin des dangers,
Que pour mieux supporter l'outrage?
Non, non, plutôt cent fois mourir
Que déserter, sans les défendre,
Nos vieillards trop lents pour courir,
Trop magnanimes pour se rendre !

CHOEUR.

Pressez-vous donc au premier rang,
Vous tous qui brillez de jeunesse;
Là, restez comme un mur vivant,
Comme un rempart pour la vieillesse!

Courage, ô mes jeunes amis,
L'heure a sonné, le choc s'apprête,
Marchez, laissant aux ennemis
La peur, la honte et la retraite;
Le pied ferme, et d'un œil serein,
Affrontez ces dards homicides :
Contre eux gardez un cœur d'airain
Sous le bronze de vos égides (1) !

CHOEUR.

Pressez-vous donc au premier rang,
Vous tous qui brillez de jeunesse ;
Là, restez comme un mur vivant,
Comme un rempart pour la vieillesse!

(1) Σίδηρον βάλτε 'σ τὴν καρδιὰν, καὶ χάλκωμα 'σ τὰ στήθη.

Fauriel, tome 1 page 192.

Enfans! qu'ils sont doux les destins
D'un vrai fils de Lacédémone :
S'il tombe, à ses mânes divins
L'Olympe s'ouvre et le couronne;
Mais si la mort l'a respecté
Il devient, après sa victoire,
Cher aux siens, cher à la beauté,
Cher aux dieux amans de la gloire!

CHOEUR.

Pressez-vous donc au premier rang,
Vous tous qui brillez de jeunesse;
Là, restez comme un mur vivant,
Comme un rempart pour la vieillesse! (*bis.*)

Le refrain des Montagnards.

Ὅσον χιονίζουν τὰ βουνὰ, Τούρκους μὴ προσκυνοῦμεν.
Πᾶμεν νὰ λιμεριάζωμεν, ὅπου φωλεάζουν λύκοι.
Σταῖς χώραις σκλάβοι κατοικοῦν, στοὺς κάμπους μὲ τοὺς Τούρκα
Χώραις λαγκάδια κ' ἐρημιαῖς ἔχουν τὰ παλληκάρια.
Παρὰ μὲ Τούρκους, μὲ θηριὰ καλήτερα νὰ ζοῦμεν.

Chants populaires de la Grèce moderne, recueillis
par M. Fauriel, tome I, page 128.

Air de la Sentinelle.

Le vieux Dimos au bruit de ses chansons
Du vaste Olympe éveillait le silence;
Autour de lui ses joyeux compagnons
Disaient en chœur ce refrain de vaillance:

CHOEUR.

Parmi les monts vivons errans,
Leur séjour est celui des braves;
Laissons les villes aux tyrans
Et la plaine pour les esclaves. (*ter.*)

Loin sous nos pieds, voyez, dit le vieillard,
Ces murs infects, ces champs peuplés d'ilotes
Tandis que libre, ici, le montagnard
Goûte un air pur et nargue les despotes!
Parmi les monts, etc.

Le fourbe Ali croit en nous caressant
De nos rochers s'assurer la conquête;
Mais, vain espoir; jamais Clephte vivant
Au vieux pacha ne livrera sa tête.
Parmi les monts, etc.

Quoi! sous un maître abaisser nos genoux,
Parmi les Turcs, nous, vivre en mercenaires (1)!
Non, non, mieux vaut rester avec les loups;
Aux ours plutôt disputons leurs tanières!

CHOEUR.

Sur nos rochers vivons errans,
Leur séjour est celui des braves;
Laissons les villes aux tyrans
Et la plaine pour les esclaves.

(1) Ali Pacha connaissant la valeur des Clephtes de l'Olympe et du reste de la Thessalie, à l'extermination desquels il avait si long-temps travaillé sans succès, essaya de se les attacher par la ruse et l'appât des récompenses lorsque la Porte se disposa à châtier ses ambitieux projets.

L'hymne des funérailles.

Καλὸν ἀντὶ θνητοῦ σώματος ἀθάνατον δόξαν ἀντικαταλλαξάσθαι

Il est beau d'acheter une immortelle gloire
au prix d'un corps mortel.

ISOCRATE.

AIR : La garde meurt, elle ne se rend pas.

Ils ne sont plus, eux qui dans vingt batailles
Ont sous leurs coups fait pâlir le croissant;
Pour les payer de dignes funérailles
Il faut, il faut, non des pleurs, mais du sang.
Loin donc ce deuil, loin ces vaines pratiques,
Morne appareil des vulgaires trépas :
Pour honorer leurs mânes héroïques,
Vengeons leur mort, et ne la pleurons pas ! } *bis.*

Et pourquoi plaindre un sort digne d'envie?
Ils ont conquis les cieux et l'avenir ;
Pleurez plutôt, pleurez sur la patrie
Car ils sont morts sans pouvoir l'affranchir.....
Mais non, guerriers ; loin ces douleurs stériles;
A la patrie offrons encor nos bras :
Comme jadis les preux des Thermopyles,
Mourons pour elle et ne la pleurons pas !

Et vous, ô Francs, vous chrétiens, vous nos frères,
Si nous tombons, donnez-lui des vengeurs;
Ou bien, des grecs vaillans auxiliaires,
Doublez nos rangs, et nous serons vainqueurs!
Entendez-vous notre mère expirante
Qui dans l'arène appelle vos soldats,
En vous criant d'une voix déchirante:
Sauvez mes fils, et ne les pleurez pas!

Marcos Botsaris.

CANTILÈNE HÉROÏQUE.

Λαῷ γὰρ συμπάντι πόθος κρατερόφρονος ἀνδρὸς
Θνήσκοντος· ζώων δ', ἄξιος ἡμιθέων.
Ὥσπερ γάρ μιν πύργον ἐν ὀφθαλμοῖσιν ὁρῶσιν·
Ἔρδει γὰρ πολλῶν ἄξια μοῦνος ἐών.

CALLINUS.

AIR : Bayard est mort.

Au milieu des rangs de barbares
Que vient de renverser son bras,
Quel est, ô vaillans Pallicares,
Ce héros atteint du trépas ?
— Tristes raïas (1), et vous, beautés captives,
Pleurez, pleurez sur votre sort :
Lui, dont le glaive eût affranchi vos rives,
Marcos est mort ! (*bis.*)

Ces pleurs qu'en vain notre œil dévore,
Ce cri joyeux des ennemis,

(1) On désigne de ce nom les Grecs esclaves; ce mot répond à celui de *serf*.

Ce front pâle et terrible encore.....
Ah! tout vous dit: c'est Botsaris!
Tristes raïas, et vous, beautés captives,
Pleurez, pleurez sur votre sort:
Lui, dont le glaive eût affranchi vos rives,
Marcos est mort!

— Mais vous, son élite chérie,
Le combat suspend vos douleurs;
Son ombre encore vous rallie.....
Déjà son ombre a des vengeurs!
— Tristes raïas, et vous, beautés captives,
Pleurez, pleurez sur votre sort:
Lui, dont le glaive eût affranchi vos rives,
Marcos est mort!

Et toi gémis, ô Selléide,
Ossa, Valtos, courbez vos fronts:
Jamais plus votre aigle rapide (1)
N'ira planer sur vos vallons!
Tristes raïas, et vous, beautés captives,
Pleurez, pleurez sur votre sort:
Lui, dont le glaive eût affranchi vos rives,
Marcos est mort!

(1) Les montagnards de l'Epire et de la Thessalie l'avaient surnommé, dans leur langage poétique, *l'Aigle de la Selléide*.

La devise des Hétairistes.

CHANT DE GUERRE.

Il est temps de venger votre commune injure ;
Éteignez dans le sang d'un ennemi parjure
Du nom que vous portez l'opprobre injurieux ;
Et sous d'habiles chefs assemblant vos cohortes,
Allez briser les portes
D'un empire usurpé sur vos faibles aïeux !

J.-B. ROUSSEAU, livre III, ode IV.

AIR : Veillons au salut de l'empire.

Veillons au salut de la Grèce,
Armons-nous pour venger ses droits ;
Si la royauté la délaisse,
Réparons cet oubli des rois ! (*bis.*)

CHOEUR.

Ah ! tremblez, ennemis,
Et toi, Raïa, que ton œil lise
Ces mots écrits
Sur les étendards des AMIS : (1)
Vaincre ou mourir ! — c'est la devise } *bis.*
Des preux armés pour ton pays. }

(1) Le mot *hétairiste* signifie en grec : AMI, CAMARADE, COMPAGNON ; c'est, comme tout le monde sait, le titre que prirent les premiers philhellènes armés pour la cause grecque.

Si jadis on a vu nos pères
Se liguer pour un vain tombeau,
Sauver tout un peuple de frères,
Serait-ce un triomphe moins beau!
Ah! tremblez, ennemis, etc.

Marchons, l'univers nous contemple;
L'Occident fait des vœux pour nous :
A lui d'imiter notre exemple,
A nous l'honneur des premiers coups!
Ah! tremblez, ennemis, etc.

Fier sultan, pâlis d'épouvante,
Viens reconnaître à nos essais
Les fils des vainqueurs de Lépante (1),
Les vieux compagnons de Desaix!
Ah! tremblez, ennemis, etc.

Guerriers, jeune espoir de la France,
Venez, Lafayettes nouveaux,
Vaincre aussi pour l'indépendance
D'un autre peuple de héros!
Vous, tremblez, ennemis, etc.

Viens à nous, brillante jeunesse
Qu'un nouveau siècle voit grandir :
Accours, viens aux champs de la Grèce
Révéler ton vaste avenir!
Vous, tremblez, ennemis, etc.

(1) Allus on à ces braves officiers Bavarois qui, à l'égal de notre Fabvier, ont embrassé la cause des Grecs avec un dévoûment si désintéressé. Le nom de Lépanté rappelle assez la fameuse victoire remportée en 1571 sur la flotte turque par Don Juan d'Autriche.

Viens ; les palmes de la victoire
Vont croître ici pour le butin ;
Fabvier va te payer de gloire,
Eynard te donnera du pain !

CHOEUR.

Vous, tremblez, ennemis,
Et toi, Raïa, que ton œil lise
Ces mots écrits
Sur les étendards des AMIS :
Vaincre ou mourir ! — c'est la devise
Des preux armés pour ton pays.

L'hymne des victoires.

O sommets du Taygète, ô débris du Pyrée,
O Sparte, entendez-vous leurs cris victorieux?
La Grèce a des vengeurs, la Grèce est délivrée,
La Grèce a retrouvé ses héros et ses Dieux!

CASIMIR DELAVIGNE.

AIR du Chant des victoires de Chénier (*musique de* MÉHUL.)

Courbez-vous, sommets du Rhodope,
Ouvrez passage à nos accens;
Et vous, échos retentissans,
Portez nos hymnes vers l'Europe!
Portez vers l'Occident ému
Ces chants de guerre et d'allégresse;
Dites-lui : « la croix a vaincu,
Victoire aux enfans de la Grèce! »
Gloire aux soldats du Christ! vous, chantez leurs exploits,
Peuples, vengez leur nom du mépris de vos rois! (*bis.*)

Trois siècles, sans nom, sans patrie,
Le Grec s'oublia... mais soudain
De ses fers il arme sa main
Pour écraser la tyrannie;

Il frappe, il poursuit ses bourreaux,
Il force leurs triples murailles;
Ses premiers pas sont des assauts,
Ses premiers coups sont des batailles!
Gloire aux soldats du Christ! vous, chantez leurs exploits,
Peuples, vengez leur nom du mépris de vos rois!

Levez-vous, mânes héroïques
Des Thrasybule et des Cimon;
Venez, vainqueurs de Marathon,
Revoir vos prodiges antiques!
Venez juger si nos raïas,
Encor tout meurtris de leurs chaînes,
N'égalent point dans les combats
Leurs aïeux de Sparte et d'Athènes!
Gloire aux soldats du Christ! vous, chantez leurs exploits,
Peuples, vengez leur nom du mépris de vos rois!

Et toi, lyre de notre Homère,
Sors de la poudre des tombeaux;
Chantres de Thèbe et de Lesbos (1),
Réveillez-vous à la lumière :
La Grèce vient de s'affranchir,
Chantez, chantez sa délivrance;
Chantez son brillant avenir,
Et son passé qui recommence!
Gloire aux soldats du Christ! vous, chantez leurs exploits,
Peuples, vengez leur nom du mépris de vos rois!

(1) Pindare et Alcée.

Si les beaux-arts, si le génie
Eut son berceau chez nos aïeux,
Un jour nos fronts victorieux
Ceindront leur palme rajeunie;
C'est peu d'avoir brisé nos fers,
Pour nous bientôt va luire encore
Le flambeau que cet univers
Reçut des Grecs à son aurore!
Gloire aux soldats du Christ! vous, chantez leurs exploits,
Peuples, vengez leur nom du mépris de vos rois!

Appel aux chrétiens d'occident

EN FAVEUR DES GRECS.

Les rois, quand il faut nous défendre,
Sont avares de leurs soldats.
Ils se disputent des états,
Des peuples, des cités en cendre;
Et tandis que sous les couteaux
Le sang chrétien, à longs ruisseaux,
Inonde la terre où nous sommes:
Comme on partage des troupeaux
Les rois se partagent des hommes.

CASIMIR DELAVIGNE.

Quoi donc! pour secouer un indigne repos (1),
Attendez-vous, ô rois! qu'un peuple entier succombe
Sous le glaive de ses bourreaux,
Et que des derniers Grecs la dernière hécatombe
Ait à jamais tari le pur sang des héros?
Serait-ce la paix de la tombe (2)
Que vos lentes faveurs réservent à leurs maux?

(1) Ce morceau fut écrit vers l'époque de la catastrophe de Missolonghi.

(2) Ils semblent vouloir leur réserver pire encore; dans le traité de médiation signé à Londres en juillet, ne remarque-t-on pas les mots de *tribut annuel*, de *suzeraineté ottomane?* L'auteur loin de se réjouir avec quelques philhellènes de cette haute protection la redoute pour les Grecs, et renvoie le lecteur à l'éloquente *Note sur la Grèce* par M. de Châteaubriant.

Quand le sabre d'Omar va dépeuplant l'Hellade,
Quand le lévite expire en invoquant le Christ,
Rome, ainsi que les rois, Rome est sourde à ces cris;
Ils tombent, les martyrs, et nulle autre croisade
N'arme un seul potentat pour sauver leurs débris!

Que font pourtant ces cohortes brillantes
Qui traînent dans nos murs l'ennui de leurs loisirs?
A quoi bon des mousquets dans ces mains indolentes?
Le fer doit-il parer ces amans des plaisirs?
Mais, arrête... O ma muse, efface un tel outrage,
Connais mieux les Français, connais mieux nos soldats;
Non, non, la palme du courage
Pour eux n'a point perdu ses magiques appas:
Que la trompette sonne..... et chacun de nos braves,
Joyeux de rompre ses entraves,
Non moins prompt qu'au plaisir va courir aux combats;
Mais fidèle à son chef, fidèle à sa bannière,
Des nobles jeux de Mars il s'interdit l'espoir;
Il contemple, muet, la lointaine carrière,
Et tout en frémissant courbe sa tête altière
Sous le joug sacré du devoir.

Oh! si du peuple Grec prévenant la ruine,
Un prince dans nos rangs lui cherchait des sauveurs:
Si, quelque jour, la croix latine
Du divin Labarum relevant les couleurs,
Guidait sous un Bourbon nos étendards vengeurs,
Ma muse alors pour voir combattre
Ce digne enfant de Henri-Quatre,
Devancerait nos légions,

Et, rivale du vieux Tyrtée,
Des sons de sa lyre indomptée
Enflammerait les bataillons...
Que dis-je? elle pourrait sans peine
Plier sa voix républicaine
A chanter ce fils des Bourbons!

Doux et fragile espoir, chimère séduisante,
Que naguère embrassait mon ame impatiente,
Et qu'a brisés le sort jaloux!
Cessons d'en appeler aux maîtres de la terre:
Nos vœux ont invoqué leur royale colère,
Et comme sans pitié ils furent sans courroux (1);
Mais lassé de la plainte, aujourd'hui leur tonnerre
Ne se réveillerait que pour gronder sur nous.

Cependant, pour l'honneur de l'Europe chrétienne,
Plus d'un brave, accouru du fond de l'occident,
Au cri de mort des Grecs, vint dans leur noble arène
Briguer au prix de tout son sang
Le beau titre de Philhellène;
En vain le sort trahit Santa-Rose et Byron;
Un autre Lafayette, émule de leur gloire,
A la valeur inculte enseigne la victoire:
Français, il veut qu'un jour la splendeur de son nom
Chez la race future efface la mémoire
Des apostats vendus aux noirs fils de Memnon!

(1) Il est cependant plus d'un monarque dont le cœur s'est ému pour nos malheureux frères d'Orient; mais pourquoi faut-il que les entraves diplomatiques et surtout leur rang secondaire parmi les souverains de l'Europe, les aient forcés jusqu'à-présent à observer une timide neutralité ?

Puisses-tu vaincre, ô toi, qu'ici ma voix honore!...
Mais c'est peu de ton glaive et de ma faible voix;
Contre l'affreux Besoin c'est peu de tes exploits;
O peuples, c'est donc vous, c'est vous seuls que j'implore:
Versez quelques bienfaits sur un sol dévasté;
Au nom de votre gloire et de l'humanité,
Sauvez les derniers Grecs; s'il en est temps encore,
Sauvez, sauvez la Liberté!

Du beau pays qui la vit naître
Quand son culte adoré bientôt va disparaître,
Ah! ne vous bornez plus à d'inertes soupirs;
Hâtez vos dons, déjà peut-être
La Grèce ne vit plus que dans nos souvenirs!

Vous donc que la pitié, vous, que l'honneur enflamme,
Vous tous qu'échauffe encor le feu d'une belle ame,
Poètes, magistrats, citoyens-orateurs,
Vous, apôtres du Christ, vous, nos dignes pasteurs,
Plaidez pour les martyrs, et d'une voix commune
Faites gémir l'écho, la chaire, la tribune;
En dépit des tyrans, devant leurs délateurs,
Osez en traits de sang peindre tant d'infortune:
Que de ce sang chrétien les cris accusateurs
Aillent troubler leurs nuits d'une crainte importune.
Invoquez tour à tour, liguez de toutes parts
L'ardente Piété, la Valeur et les Arts;
Qu'à ce sublime appel le globe entier réponde:
Toi, riche, offre ton or, et toi, pauvre, tes vœux!
Vous, quêtez pour les Grecs, sexe tendre et pieux;
Vieillard, arme tes fils; nochers, sillonnez l'onde,

Partez, et, pour vaincre avec eux,
Emportez nos guerriers sur la plaine profonde ;
Peuples, sauvez les Grecs, c'est la cause du monde ;
C'est plus, c'est plus encor, c'est la cause des cieux !

FIN.

IMPRIMERIE DE H. FOURNIER,
RUE DE SEINE, N° 14.

www.ingramcontent.com/pod-product-compliance
Ingram Content Group UK Ltd.
Pitfield, Milton Keynes, MK11 3LW, UK
UKHW021529260726
13993UKWH00004B/1886